SPEARO LOG

©NOOB SPEARO

DISCLAIMER AND COPYRIGHT

THIS SPEARO LOG BELONGS TO:

_____

PLEASE RETURN TO:

_____

G'day my name is Shrek and that's Turbo (bottom right corner hidden away, where he should be). Together we interview the world's best spearos and share what we learn in our community at www.noobspearo.com

One of the biggest takeaways we have learned from more than 80 interviews is the value of keeping a divelog! So great job getting a copy ☺

Here are just a few of the benefits of keeping a Spearo Log;

- ❤ Noting the conditions that provide the best times for targeting specific fish species.

- ❤ Recording milestones, personal bests and memorable days

- ❤ Builds your observation skills and awareness

- ❤ Helps you to track a specific area and the species there over time

- ❤ You can replicate past results by matching conditions (and dive buddy)

- ❤ Record your freediving performance and make steady improvements

ABOUT SPEARO LOG AND NOOB SPEARO

Spearfishing is a sport that has one of the steepest learning curves imaginable. *"Turbo and I both encountered lots of obstacles getting started spearfishing and so we created the Noob Spearo to help people overcome their own hurdles"*

 -Shrek

"When I got started spearfishing, I knew nothing, no one, had terribly ineffective equipment, and had heaps of drama with everything from equalizing to losing big fish. I enjoy learning and sharing with others the clever way around problems."

-Turbo

NOOB SPEARO'S VISION

1. We aim to help reduce spearfishing deaths (too many young spearos lose their lives in preventable situations)

2. We aim to help in the development of the next generation of environmentally aware spearos

3. We aim to help spearfishing grow as a lifestyle sport by developing community and relationships with spearos all over the world.

4. We aim to help our readers shoot more fish and have fun

NOOB SPEARO PODCAST

The Noob Spearo Podcast features world-class spearos who share their hard-won wisdom and experiences with us in interviews shared for free at www.noobspearo.com and iTunes, Stitcher & TuneIn radio. Many of the tips in this book are direct from spearfishing experts, authorities, and characters from all over the world who have been featured on the Noob Spearo Podcast. More than 40 renowned spearfishing men and women have joined us on the show.

NOOB SPEARO BLOG

The Vault is the home of articles on everything from how to get started shore diving to how to hunt, shoot and land Spanish Mackerel. Guest contributors, along with feedback from our listeners, community, and our own experiences are fueling an ever-growing catalogue of tips, tricks, hacks, DIY guides and articles for the aspiring spearo.

CORE VALUES

We don't believe in big-noting and speaking to new or up-and-coming spearos like they are a new kind of bacteria. Forums and social media are full of spearos abusing and disrespecting one another. We don't go for that at Noob Spearo. We like to share a laugh, tell real stories, and share lessons learned while inviting the next generation of divers into a healthy, safe, and sustainable relationship with this epic sport we enjoy – spearfishing.

GET INVOLVED

If you have a message to share with spearos or want to be part of a healthy community, sign up to the Noob Spearo newsletter and join our community. Contributors are always welcome and some of our best information comes from those willing to share information.

JOIN US AT NOOBSPEARO.COM WHERE YOU CAN

» Listen into the best spearos from all over the world on the Noob Spearo Podcast

» Sign up for the Floater email newsletter and get free stuff, equipment discounts and get the latest blog posts and articles sent right to your inbox

» Check out our other books, blog posts and interviews

Special thanks to Pat Swanson, Kevin Daly and Grant Laidlaw for their expertise and suggestions while putting this dive log together. Listen to their interviews on the Noob Spearo Podcast.

SPEARO LOG GUIDANCE NOTES

To help you make the most of this log I'll dedicate the next few pages to helping you choose what information to include in each log.

GENERAL DIVE INFORMATION

Location _____   Date _____
Buddy _____   Time/s _____
Comments
_____
_____
_____

The first part of Spearo Log is pretty simple. Just write in the broad facts of the day.

In this first comments section I recommend putting a name for the day in big block letters. For example "BIG TRUCKING SHARK DAY" or "TURBO's FIRST SNAPPER". It's a great opportunity to write down a title that captures the spirit of the day or perhaps one of the big highlights.

As you know every single dive is different, especially if you are observant!

GENERAL DIVE INFORMATION

Location _Kapiti Island_   Date _10/2/18_

Buddy _Nathan Jones_   Time/s _0830 – 1430_

Comments _North Island Champs at Kapiti. Also on expedition with Mike la Franchie + John Breen – Taranaki on tour!_

Here is an example from Pat Swanson. The theme 'Taranaki on Tour' is used to describe a group of guys from an area of New Zealand travelling and diving together. From the title he can instantly remember the day, the people and the fish that made it special.

WEATHER AND WATER SECTION

This is where we need to start recording specific details

WEATHER   WATER

Wind _LIGHT_   Clarity _25m_

Swell _LIGHT_   Temperature _25°C ABOVE THERMOCLINE_

Moon _NEW MOON_   Tides _____

Comments _THERMOCLINE AT 16m. STRONG SOUTHERLY WIND 2 DAYS EARLIER. MODERATE CURRENT (LESS THAN YESTERDAY)_

Kevin Daly used the comments section (above) to write in the most important information. The example on the next page is a completely different situation. The water clarity or viz was far worse (3-4m). As you can see different divers prioritize and record different information based on their experience and what they felt was important. You don't need to use every field.

In the **Wind section** you can record direction and speed (gusts or constant).

The **Swell section** can record direction, spacing and size.

Moon. Is it full or new, waxing or waning?

WATER

Clarity: How clear is the water on the surface? on the bottom? Also sometimes viz changes from low to high tide. Also light effects viz differently. Record the range from worst to best i.e. 5-15m (15-50ft) average 8m (25ft)

Temperature: Water temperature is a big deal for species and its important to pay attention to. Coldest – Hottest, average. In Kevin's example above you can see his mention of a thermocline, sometimes this can be dramatic and will really effect fish behaviour.

Tides: Low + time, high + time. Differential 0.96m = H (1.76) - L (.8) from the example. From the above example you can see how the tides were recorded. Write in the Low tide time and height (.8m in the example above). Write in the high tide time and height (1.76m in the above example). The differential lets you know how much water movement there is between tides. This can be useful for understanding current and how fish respond to it.

COMMENTS

Some fisherman and divers pay close attention to the Barometer, record the weather data for yourself and see if there is a correlation in your area. This is one example of what you can include in this comments section.

SPECIES

Catch _____

Catch _____

Catch _____

Catch _____

Catch _____

Targeted _____

Comments

_____

_____

_____

_____

_____

DIVES

DIVE TIMES:

Min _____ Max _____ Avg _____

DEPTH:

Min _____ Max _____ Avg _____

SURFACE INT:

Min _____ Max _____ Avg _____

Total Dive Time _____

SPECIES

This section allows you to record 5 fish + a targeted species. Many spearos will go hunting for a specific species however they will take a range of other desirable species. You can record measurements, weights or even friends catches too.

Targeted species are important. Were you successful? Why or why not?

DIVES

Tracking freediving practice over time is great for improving and keeping yourself on track with surface intervals. A divewatch can help you to keep good track of this. After trialing the dive log with several divers I made some adjustments. See this example below from a recent dive trip.

DIVES

Dive Times:
Min _20 s_   Max _1:35_   Ave _48 s_

Depth:
           Max _21 m_   Ave _9 m_
Surface Int:
Min _58 s_   Max _6 min_   Ave _3:30_
Total Dive Time   _73 minutes_

You can access all of this information from your dive watch. My shortest dive recorded here was 20 seconds and the longest was 1:35. While I did do a few longer dives, 48 seconds was my average dive time.

You can also include depths which can be interesting information to use for planning dives and analyzing information. Don't think that because you dived 20 meters (65 feet) last time you need to dive 21 next time. Depth and freediving improvements happen gradually.

The most important part of your divelog is your surface interval. This should be at least 2 times your dive times. If you can make it longer even better.

The Comments section is where you can tell a real good short story about the day and what you noticed. This part of your divelog will be what you really find interesting after a few years. What you include is completely up to you but think carefully about which information will be helpful in the future!

Other things to include:

- » Spearguns setup
- » Other equipment setup information; weightbelt weight etc
- » Equipment (new, old, needs replacing, trials etc)
- » Kayak/Boat/Shore information
- » Total number of dives
- » Other noteworthy factors (incidents etc)

FOR MORE HELP

Go to www.noobspearo.com/spearolog

I will link up all the best articles, videos and podcasts to help you learn more about conditions, weather and keeping the best possible divelog.

If you have specific questions or some useful suggestions or help, join our private Facebook group and get involved in the discussion here.

SPEARO LOG

GENERAL DIVE INFORMATION

Location _____   Date _____

Buddy _____   Time/s _____

Comments
_____
_____
_____

WEATHER

Wind _____

Swell _____

Moon _____

Comments
_____
_____
_____
_____

WATER

Clarity _____

Temperature _____

Tides _____

SPECIES

Catch _____

Catch _____

Catch _____

Catch _____

Catch _____

Targeted _____

Comments
_____
_____
_____
_____
_____
_____
_____

DIVES

DIVE TIMES:
Min _____ Max _____ Avg _____

DEPTH:
Min _____ Max _____ Avg _____

SURFACE INT:
Min _____ Max _____ Avg _____

Total Dive Time _____

THE NOOB SPEARO

SPEARO LOG

GENERAL DIVE INFORMATION

Location _____   Date _____

Buddy _____   Time/s _____

Comments

_____

_____

_____

WEATHER

Wind _____

Swell _____

Moon _____

Comments

WATER

Clarity _____

Temperature _____

Tides _____

_____

_____

_____

_____

SPECIES

Catch _____

Catch _____

Catch _____

Catch _____

Catch _____

Targeted _____

Comments

DIVES

DIVE TIMES:

Min _____ Max _____ Avg _____

DEPTH:

Min _____ Max _____ Avg _____

SURFACE INT:

Min _____ Max _____ Avg _____

Total Dive Time _____

_____

_____

_____

_____

_____

_____

_____

THE NOOB SPEARO

SPEARO LOG

GENERAL DIVE INFORMATION

Location _____ Date _____

Buddy _____ Time/s _____

Comments

_____

_____

_____

WEATHER

WATER

Wind _____

Swell _____

Moon _____

Clarity _____

Temperature _____

Tides _____

Comments

_____

_____

_____

_____

SPECIES

DIVES

Catch _____

Catch _____

Catch _____

Catch _____

Catch _____

Targeted _____

DIVE TIMES:

Min _____ Max _____ Avg _____

DEPTH:

Min _____ Max _____ Avg _____

SURFACE INT:

Min _____ Max _____ Avg _____

Total Dive Time _____

Comments

_____

_____

_____

_____

_____

_____

THE NOOB SPEARO

SPEARO LOG

GENERAL DIVE INFORMATION

Location _____ Date _____

Buddy _____ Time/s _____

Comments

_____

_____

_____

WEATHER

Wind _____

Swell _____

Moon _____

Comments

_____

_____

_____

_____

WATER

Clarity _____

Temperature _____

Tides _____

SPECIES

Catch _____

Catch _____

Catch _____

Catch _____

Catch _____

Targeted _____

Comments

DIVES

DIVE TIMES:

Min _____ Max _____ Avg _____

DEPTH:

Min _____ Max _____ Avg _____

SURFACE INT:

Min _____ Max _____ Avg _____

Total Dive Time _____

_____

_____

_____

_____

_____

_____

_____

THE MOOR SPEARO

SPEARO LOG

GENERAL DIVE INFORMATION

Location _____   Date _____

Buddy _____   Time/s _____

Comments

_____
_____
_____

WEATHER

Wind _____

Swell _____

Moon _____

Comments

WATER

Clarity _____

Temperature _____

Tides _____

_____
_____
_____
_____

SPECIES

Catch _____

Catch _____

Catch _____

Catch _____

Catch _____

Targeted _____

Comments

DIVES

DIVE TIMES:

Min _____ Max _____ Avg _____

DEPTH:

Min _____ Max _____ Avg _____

SURFACE INT:

Min _____ Max _____ Avg _____

Total Dive Time _____

_____
_____
_____
_____
_____
_____

THE NOOB SPEARO

SPEARO LOG

GENERAL DIVE INFORMATION

Location _____ Date _____

Buddy _____ Time/s _____

Comments

_____

_____

_____

WEATHER

Wind _____

Swell _____

Moon _____

Comments

_____

_____

_____

_____

WATER

Clarity _____

Temperature _____

Tides _____

SPECIES

Catch _____

Catch _____

Catch _____

Catch _____

Catch _____

Targeted _____

Comments

_____

_____

_____

_____

_____

_____

_____

DIVES

DIVE TIMES:

Min _____ Max _____ Avg _____

DEPTH:

Min _____ Max _____ Avg _____

SURFACE INT:

Min _____ Max _____ Avg _____

Total Dive Time _____

SPEARO LOG

GENERAL DIVE INFORMATION

Location _____   Date _____
Buddy _____   Time/s _____
Comments
_____
_____
_____

WEATHER

WATER

Wind _____   Clarity _____
Swell _____   Temperature _____
Moon _____   Tides _____
Comments
_____
_____
_____
_____

SPECIES

DIVES

Catch _____
Catch _____
Catch _____
Catch _____
Catch _____
Targeted _____
Comments

DIVE TIMES:
Min _____ Max _____ Avg _____
DEPTH:
Min _____ Max _____ Avg _____
SURFACE INT:
Min _____ Max _____ Avg _____

Total Dive Time _____

_____
_____
_____
_____
_____
_____

THE NOOB SPEARO

SPEARO / LOG

GENERAL DIVE INFORMATION

Location _____   Date _____

Buddy _____   Time/s _____

Comments

_____

_____

_____

WEATHER

Wind _____

Swell _____

Moon _____

Comments

_____

_____

_____

_____

WATER

Clarity _____

Temperature _____

Tides _____

SPECIES

Catch _____

Catch _____

Catch _____

Catch _____

Catch _____

Targeted _____

Comments

_____

_____

_____

_____

_____

_____

_____

DIVES

DIVE TIMES:

Min _____ Max _____ Avg _____

DEPTH:

Min _____ Max _____ Avg _____

SURFACE INT:

Min _____ Max _____ Avg _____

Total Dive Time _____

SPEARO LOG

GENERAL DIVE INFORMATION

Location _____   Date _____

Buddy _____   Time/s _____

Comments

_____

_____

_____

WEATHER

Wind _____

Swell _____

Moon _____

Comments

WATER

Clarity _____

Temperature _____

Tides _____

_____

_____

_____

_____

SPECIES

Catch _____

Catch _____

Catch _____

Catch _____

Catch _____

Targeted _____

Comments

DIVES

DIVE TIMES:

Min _____ Max _____ Avg _____

DEPTH:

Min _____ Max _____ Avg _____

SURFACE INT:

Min _____ Max _____ Avg _____

Total Dive Time _____

_____

_____

_____

_____

_____

_____

_____

THE NOOB SPEARO

SPEARO LOG

GENERAL DIVE INFORMATION

Location _____ Date _____

Buddy _____ Time/s _____

Comments

_____

_____

_____

WEATHER

Wind _____

Swell _____

Moon _____

Comments

WATER

Clarity _____

Temperature _____

Tides _____

_____

_____

_____

_____

SPECIES

Catch _____

Catch _____

Catch _____

Catch _____

Catch _____

Targeted _____

Comments

DIVES

DIVE TIMES:

Min _____ Max _____ Avg _____

DEPTH:

Min _____ Max _____ Avg _____

SURFACE INT:

Min _____ Max _____ Avg _____

Total Dive Time _____

_____

_____

_____

_____

_____

_____

THE NOOB SPEARO

SPEARO LOG

GENERAL DIVE INFORMATION

Location _____   Date _____

Buddy _____   Time/s _____

Comments

_____

_____

_____

WEATHER

Wind _____

Swell _____

Moon _____

Comments

_____

_____

_____

_____

WATER

Clarity _____

Temperature _____

Tides _____

SPECIES

Catch _____

Catch _____

Catch _____

Catch _____

Catch _____

Targeted _____

Comments

_____

_____

_____

_____

_____

_____

DIVES

DIVE TIMES:

Min _____ Max _____ Avg _____

DEPTH:

Min _____ Max _____ Avg _____

SURFACE INT:

Min _____ Max _____ Avg _____

Total Dive Time _____

THE NOOB SPEARO

SPEARO LOG

GENERAL DIVE INFORMATION

Location _____ Date _____

Buddy _____ Time/s _____

Comments

_____

_____

_____

WEATHER

Wind _____

Swell _____

Moon _____

Comments

_____

_____

_____

_____

WATER

Clarity _____

Temperature _____

Tides _____

SPECIES

Catch _____

Catch _____

Catch _____

Catch _____

Catch _____

Targeted _____

Comments

_____

_____

_____

_____

_____

_____

_____

DIVES

DIVE TIMES:

Min _____ Max _____ Avg _____

DEPTH:

Min _____ Max _____ Avg _____

SURFACE INT:

Min _____ Max _____ Avg _____

Total Dive Time _____

THE NOOB SPEARO

SPEARO LOG

GENERAL DIVE INFORMATION

Location _____   Date _____

Buddy _____   Time/s _____

Comments

_____

_____

_____

WEATHER

Wind _____

Swell _____

Moon _____

Comments

_____

_____

_____

_____

WATER

Clarity _____

Temperature _____

Tides _____

SPECIES

Catch _____

Catch _____

Catch _____

Catch _____

Catch _____

Targeted _____

Comments

_____

_____

_____

_____

_____

_____

DIVES

DIVE TIMES:

Min _____ Max _____ Avg _____

DEPTH:

Min _____ Max _____ Avg _____

SURFACE INT:

Min _____ Max _____ Avg _____

Total Dive Time _____

THE NOOB SPEARO

SPEARO LOG

GENERAL DIVE INFORMATION

Location _____   Date _____
Buddy _____   Time/s _____
Comments
_____
_____
_____

WEATHER

Wind _____
Swell _____
Moon _____
Comments

WATER

Clarity _____
Temperature _____
Tides _____

_____
_____
_____
_____

SPECIES

Catch _____
Catch _____
Catch _____
Catch _____
Catch _____
Targeted _____
Comments

DIVES

DIVE TIMES:
Min _____ Max _____ Avg _____
DEPTH:
Min _____ Max _____ Avg _____
SURFACE INT:
Min _____ Max _____ Avg _____

Total Dive Time _____

_____
_____
_____
_____
_____
_____
_____

THE NOOB SPEARO

SPEARO LOG

GENERAL DIVE INFORMATION

Location _____ Date _____

Buddy _____ Time/s _____

Comments

_____

_____

_____

WEATHER

Wind _____

Swell _____

Moon _____

Comments

_____

_____

_____

_____

WATER

Clarity _____

Temperature _____

Tides _____

SPECIES

Catch _____

Catch _____

Catch _____

Catch _____

Catch _____

Targeted _____

Comments

_____

_____

_____

_____

_____

_____

_____

DIVES

DIVE TIMES:

Min _____ Max _____ Avg _____

DEPTH:

Min _____ Max _____ Avg _____

SURFACE INT:

Min _____ Max _____ Avg _____

Total Dive Time _____

THE NOOB SPEARO

SPEARO LOG

GENERAL DIVE INFORMATION

Location _____   Date _____
Buddy _____   Time/s _____
Comments
_____
_____
_____
_____

WEATHER

Wind _____
Swell _____
Moon _____
Comments
_____
_____
_____
_____

WATER

Clarity _____
Temperature _____
Tides _____

SPECIES

Catch _____
Catch _____
Catch _____
Catch _____
Catch _____
Targeted _____
Comments
_____
_____
_____
_____
_____
_____
_____

DIVES

DIVE TIMES:
Min _____ Max _____ Avg _____
DEPTH:
Min _____ Max _____ Avg _____
SURFACE INT:
Min _____ Max _____ Avg _____

Total Dive Time _____

THE NOOB SPEARO

GENERAL DIVE INFORMATION

Location _____   Date _____

Buddy _____   Time/s _____

Comments

_____

_____

_____

WEATHER

Wind _____

Swell _____

Moon _____

Comments

WATER

Clarity _____

Temperature _____

Tides _____

_____

_____

_____

_____

SPECIES

Catch _____

Catch _____

Catch _____

Catch _____

Catch _____

Targeted _____

Comments

DIVES

DIVE TIMES:

Min _____ Max _____ Avg _____

DEPTH:

Min _____ Max _____ Avg _____

SURFACE INT:

Min _____ Max _____ Avg _____

Total Dive Time _____

_____

_____

_____

_____

_____

_____

_____

_____

SPEARO LOG

GENERAL DIVE INFORMATION

Location _____   Date _____

Buddy _____   Time/s _____

Comments

_____

_____

_____

WEATHER

Wind _____

Swell _____

Moon _____

Comments

WATER

Clarity _____

Temperature _____

Tides _____

_____

_____

_____

_____

SPECIES

Catch _____

Catch _____

Catch _____

Catch _____

Catch _____

Targeted _____

Comments

DIVES

DIVE TIMES:

Min _____ Max _____ Avg _____

DEPTH:

Min _____ Max _____ Avg _____

SURFACE INT:

Min _____ Max _____ Avg _____

Total Dive Time _____

_____

_____

_____

_____

_____

_____

_____

THE
NOOB
SPEARO

SPEARO / LOG

GENERAL DIVE INFORMATION

Location _____   Date _____

Buddy _____   Time/s _____

Comments

_____

_____

_____

WEATHER

Wind _____

Swell _____

Moon _____

Comments

_____

_____

_____

_____

WATER

Clarity _____

Temperature _____

Tides _____

SPECIES

Catch _____

Catch _____

Catch _____

Catch _____

Catch _____

Targeted _____

Comments

_____

_____

_____

_____

_____

_____

DIVES

DIVE TIMES:

Min _____ Max _____ Avg _____

DEPTH:

Min _____ Max _____ Avg _____

SURFACE INT:

Min _____ Max _____ Avg _____

Total Dive Time _____

THE NOOB SPEARO

SPEARO LOG

GENERAL DIVE INFORMATION

Location _____   Date _____

Buddy _____   Time/s _____

Comments

_____

_____

_____

WEATHER

Wind _____

Swell _____

Moon _____

Comments

WATER

Clarity _____

Temperature _____

Tides _____

_____

_____

_____

_____

SPECIES

Catch _____

Catch _____

Catch _____

Catch _____

Catch _____

Targeted _____

Comments

DIVES

DIVE TIMES:

Min _____ Max _____ Avg _____

DEPTH:

Min _____ Max _____ Avg _____

SURFACE INT:

Min _____ Max _____ Avg _____

Total Dive Time _____

_____

_____

_____

_____

_____

_____

_____

THE NOOB SPEARO

SPEARO LOG

GENERAL DIVE INFORMATION

Location _____   Date _____

Buddy _____   Time/s _____

Comments

_____

_____

_____

WEATHER

Wind _____

Swell _____

Moon _____

Comments

_____

_____

_____

_____

WATER

Clarity _____

Temperature _____

Tides _____

SPECIES

Catch _____

Catch _____

Catch _____

Catch _____

Catch _____

Targeted _____

Comments

_____

_____

_____

_____

_____

DIVES

DIVE TIMES:

Min _____ Max _____ Avg _____

DEPTH:

Min _____ Max _____ Avg _____

SURFACE INT:

Min _____ Max _____ Avg _____

Total Dive Time _____

THE NOOB SPEARO

SPEARO LOG

GENERAL DIVE INFORMATION

Location _____   Date _____

Buddy _____   Time/s _____

Comments

_____

_____

_____

WEATHER

Wind _____

Swell _____

Moon _____

Comments

_____

_____

_____

_____

WATER

Clarity _____

Temperature _____

Tides _____

SPECIES

Catch _____

Catch _____

Catch _____

Catch _____

Catch _____

Targeted _____

Comments

DIVES

DIVE TIMES:

Min _____ Max _____ Avg _____

DEPTH:

Min _____ Max _____ Avg _____

SURFACE INT:

Min _____ Max _____ Avg _____

Total Dive Time _____

_____

_____

_____

_____

_____

_____

_____

_____

THE NOOB SPEARO

SPEARO LOG

GENERAL DIVE INFORMATION

Location _____   Date _____
Buddy _____   Time/s _____

Comments
_____
_____
_____
_____

WEATHER

Wind _____
Swell _____
Moon _____

Comments
_____
_____
_____
_____
_____

WATER

Clarity _____
Temperature _____
Tides _____

SPECIES

Catch _____
Catch _____
Catch _____
Catch _____
Catch _____
Targeted _____

Comments
_____
_____
_____
_____
_____
_____
_____

DIVES

DIVE TIMES:
Min _____ Max _____ Avg _____
DEPTH:
Min _____ Max _____ Avg _____
SURFACE INT:
Min _____ Max _____ Avg _____

Total Dive Time _____

THE NOOB SPEARO

SPEARO / LOG

GENERAL DIVE INFORMATION

Location _____ Date _____
Buddy _____ Time/s _____
Comments
_____
_____
_____

WEATHER

WATER

Wind _____
Swell _____
Moon _____

Clarity _____
Temperature _____
Tides _____

Comments
_____
_____
_____
_____

SPECIES

DIVES

Catch _____
Catch _____
Catch _____
Catch _____
Catch _____
Targeted _____

DIVE TIMES:
Min _____ Max _____ Avg _____
DEPTH:
Min _____ Max _____ Avg _____
SURFACE INT:
Min _____ Max _____ Avg _____

Total Dive Time _____

Comments
_____
_____
_____
_____
_____
_____

THE
NOOB
SPEARO

SPEARO LOG

GENERAL DIVE INFORMATION

Location _____   Date _____
Buddy _____   Time/s _____
Comments
_____
_____
_____
_____

WEATHER

WATER

Wind _____   Clarity _____
Swell _____   Temperature _____
Moon _____   Tides _____
Comments
_____
_____
_____
_____

SPECIES

DIVES

Catch _____
Catch _____
Catch _____
Catch _____
Catch _____
Targeted _____
Comments

DIVE TIMES:
Min _____ Max _____ Avg _____
DEPTH:
Min _____ Max _____ Avg _____
SURFACE INT:
Min _____ Max _____ Avg _____

Total Dive Time _____

_____
_____
_____
_____
_____
_____
_____

THE
NOOB
SPEARO

SPEARO LOG

GENERAL DIVE INFORMATION

Location _____   Date _____

Buddy _____   Time/s _____

Comments

_____

_____

_____

WEATHER

Wind _____

Swell _____

Moon _____

Comments

WATER

Clarity _____

Temperature _____

Tides _____

_____

_____

_____

_____

SPECIES

Catch _____

Catch _____

Catch _____

Catch _____

Catch _____

Targeted _____

Comments

DIVES

DIVE TIMES:

Min _____ Max _____ Avg _____

DEPTH:

Min _____ Max _____ Avg _____

SURFACE INT:

Min _____ Max _____ Avg _____

Total Dive Time _____

_____

_____

_____

_____

_____

_____

_____

THE NOOB SPEARO

SPEARO LOG

GENERAL DIVE INFORMATION

Location _____   Date _____
Buddy _____   Time/s _____
Comments
_____
_____
_____

WEATHER

WATER

Wind _____
Swell _____
Moon _____
Comments

Clarity _____
Temperature _____
Tides _____

_____
_____
_____
_____

SPECIES

DIVES

Catch _____
Catch _____
Catch _____
Catch _____
Catch _____
Targeted _____
Comments

DIVE TIMES:
Min _____ Max _____ Avg _____
DEPTH:
Min _____ Max _____ Avg _____
SURFACE INT:
Min _____ Max _____ Avg _____

Total Dive Time _____

_____
_____
_____
_____
_____
_____
_____

THE NOOB SPEARO

SPEARO LOG

GENERAL DIVE INFORMATION

Location _____   Date _____

Buddy _____   Time/s _____

Comments

_____

_____

_____

WEATHER

Wind _____

Swell _____

Moon _____

Comments

_____

_____

_____

_____

WATER

Clarity _____

Temperature _____

Tides _____

SPECIES

Catch _____

Catch _____

Catch _____

Catch _____

Catch _____

Targeted _____

Comments

DIVES

DIVE TIMES:

Min _____ Max _____ Avg _____

DEPTH:

Min _____ Max _____ Avg _____

SURFACE INT:

Min _____ Max _____ Avg _____

Total Dive Time _____

_____

_____

_____

_____

_____

_____

_____

THE NOOB SPEARO

SPEARO LOG

GENERAL DIVE INFORMATION

Location _____   Date _____
Buddy _____   Time/s _____
Comments
_____
_____
_____

WEATHER

Wind _____
Swell _____
Moon _____
Comments
_____
_____
_____
_____

WATER

Clarity _____
Temperature _____
Tides _____

SPECIES

Catch _____
Catch _____
Catch _____
Catch _____
Catch _____
Targeted _____
Comments
_____
_____
_____
_____
_____
_____
_____

DIVES

DIVE TIMES:
Min _____ Max _____ Avg _____
DEPTH:
Min _____ Max _____ Avg _____
SURFACE INT:
Min _____ Max _____ Avg _____

Total Dive Time _____

THE NOOB SPEARO

SPEARO LOG

GENERAL DIVE INFORMATION

Location _____   Date _____

Buddy _____   Time/s _____

Comments

_____

_____

_____

WEATHER

Wind _____

Swell _____

Moon _____

Comments

WATER

Clarity _____

Temperature _____

Tides _____

_____

_____

_____

_____

SPECIES

Catch _____

Catch _____

Catch _____

Catch _____

Catch _____

Targeted _____

Comments

DIVES

DIVE TIMES:

Min _____ Max _____ Avg _____

DEPTH:

Min _____ Max _____ Avg _____

SURFACE INT:

Min _____ Max _____ Avg _____

Total Dive Time _____

_____

_____

_____

_____

_____

_____

THE NOOB SPEARO

SPEARO LOG

GENERAL DIVE INFORMATION

Location _____   Date _____

Buddy _____   Time/s _____

Comments

_____

_____

_____

WEATHER

Wind _____

Swell _____

Moon _____

Comments

_____

_____

_____

_____

WATER

Clarity _____

Temperature _____

Tides _____

SPECIES

Catch _____

Catch _____

Catch _____

Catch _____

Catch _____

Targeted _____

Comments

DIVES

DIVE TIMES:

Min _____ Max _____ Avg _____

DEPTH:

Min _____ Max _____ Avg _____

SURFACE INT:

Min _____ Max _____ Avg _____

Total Dive Time _____

_____

_____

_____

_____

_____

_____

_____

THE NOOB SPEARO

SPEARO LOG

GENERAL DIVE INFORMATION

Location _____   Date _____
Buddy _____   Time/s _____
Comments
_____
_____
_____

WEATHER

Wind _____
Swell _____
Moon _____
Comments
_____
_____
_____
_____

WATER

Clarity _____
Temperature _____
Tides _____

SPECIES

Catch _____
Catch _____
Catch _____
Catch _____
Catch _____
Targeted _____
Comments
_____
_____
_____
_____
_____
_____
_____

DIVES

DIVE TIMES:
Min _____ Max _____ Avg _____
DEPTH:
Min _____ Max _____ Avg _____
SURFACE INT:
Min _____ Max _____ Avg _____

Total Dive Time _____

THE NOOB SPEARO

SPEARO LOG

GENERAL DIVE INFORMATION

Location _____   Date _____

Buddy _____   Time/s _____

Comments

_____

_____

_____

WEATHER

Wind _____

Swell _____

Moon _____

Comments

_____

_____

_____

_____

WATER

Clarity _____

Temperature _____

Tides _____

SPECIES

Catch _____

Catch _____

Catch _____

Catch _____

Catch _____

Targeted _____

Comments

_____

_____

_____

_____

_____

_____

DIVES

DIVE TIMES:

Min _____ Max _____ Avg _____

DEPTH:

Min _____ Max _____ Avg _____

SURFACE INT:

Min _____ Max _____ Avg _____

Total Dive Time _____

THE NOOB SPEARO

SPEARO LOG

GENERAL DIVE INFORMATION

Location _____   Date _____

Buddy _____   Time/s _____

Comments

_____

_____

_____

WEATHER

Wind _____

Swell _____

Moon _____

Comments

_____

_____

_____

_____

WATER

Clarity _____

Temperature _____

Tides _____

SPECIES

Catch _____

Catch _____

Catch _____

Catch _____

Catch _____

Targeted _____

Comments

_____

_____

_____

_____

_____

_____

DIVES

DIVE TIMES:

Min _____ Max _____ Avg _____

DEPTH:

Min _____ Max _____ Avg _____

SURFACE INT:

Min _____ Max _____ Avg _____

Total Dive Time _____

THE NOOB SPEARO

SPEARO LOG

GENERAL DIVE INFORMATION

Location _____ Date _____

Buddy _____ Time/s _____

Comments

_____

_____

_____

WEATHER

Wind _____

Swell _____

Moon _____

Comments

WATER

Clarity _____

Temperature _____

Tides _____

_____

_____

_____

_____

SPECIES

Catch _____

Catch _____

Catch _____

Catch _____

Catch _____

Targeted _____

Comments

DIVES

DIVE TIMES:

Min _____ Max _____ Avg _____

DEPTH:

Min _____ Max _____ Avg _____

SURFACE INT:

Min _____ Max _____ Avg _____

Total Dive Time _____

_____

_____

_____

_____

_____

THE NOOB SPEARO

SPEARO / LOG

GENERAL DIVE INFORMATION

Location _____ Date _____

Buddy _____ Time/s _____

Comments

_____

_____

_____

WEATHER

Wind _____

Swell _____

Moon _____

Comments

WATER

Clarity _____

Temperature _____

Tides _____

_____

_____

_____

_____

SPECIES

Catch _____

Catch _____

Catch _____

Catch _____

Catch _____

Targeted _____

Comments

DIVES

DIVE TIMES:

Min _____ Max _____ Avg _____

DEPTH:

Min _____ Max _____ Avg _____

SURFACE INT:

Min _____ Max _____ Avg _____

Total Dive Time _____

_____

_____

_____

_____

_____

_____

_____

THE NOOB SPEARO

SPEARO LOG

GENERAL DIVE INFORMATION

Location _____   Date _____

Buddy _____   Time/s _____

Comments

_____

_____

_____

WEATHER

Wind _____

Swell _____

Moon _____

Comments

_____

_____

_____

_____

WATER

Clarity _____

Temperature _____

Tides _____

SPECIES

Catch _____

Catch _____

Catch _____

Catch _____

Catch _____

Targeted _____

Comments

_____

_____

_____

_____

_____

_____

_____

DIVES

DIVE TIMES:

Min _____ Max _____ Avg _____

DEPTH:

Min _____ Max _____ Avg _____

SURFACE INT:

Min _____ Max _____ Avg _____

Total Dive Time _____

THE NOOB SPEARO

SPEARO LOG

GENERAL DIVE INFORMATION

Location _____   Date _____

Buddy _____   Time/s _____

Comments

_____

_____

_____

WEATHER

Wind _____

Swell _____

Moon _____

Comments

WATER

Clarity _____

Temperature _____

Tides _____

_____

_____

_____

_____

SPECIES

Catch _____

Catch _____

Catch _____

Catch _____

Catch _____

Targeted _____

Comments

DIVES

DIVE TIMES:

Min _____ Max _____ Avg _____

DEPTH:

Min _____ Max _____ Avg _____

SURFACE INT:

Min _____ Max _____ Avg _____

Total Dive Time _____

_____

_____

_____

_____

_____

_____

_____

THE NOOB SPEARO

SPEARO LOG

GENERAL DIVE INFORMATION

Location _____   Date _____

Buddy _____   Time/s _____

Comments

_____

_____

_____

WEATHER

Wind _____

Swell _____

Moon _____

Comments

WATER

Clarity _____

Temperature _____

Tides _____

_____

_____

_____

_____

SPECIES

Catch _____

Catch _____

Catch _____

Catch _____

Catch _____

Targeted _____

Comments

DIVES

DIVE TIMES:

Min _____ Max _____ Avg _____

DEPTH:

Min _____ Max _____ Avg _____

SURFACE INT:

Min _____ Max _____ Avg _____

Total Dive Time _____

_____

_____

_____

_____

_____

_____

_____

THE NOOB SPEARO

SPEARO LOG

GENERAL DIVE INFORMATION

Location _____ Date _____

Buddy _____ Time/s _____

Comments

_____

_____

_____

WEATHER

Wind _____

Swell _____

Moon _____

Comments

_____

_____

_____

_____

WATER

Clarity _____

Temperature _____

Tides _____

SPECIES

Catch _____

Catch _____

Catch _____

Catch _____

Catch _____

Targeted _____

Comments

_____

_____

_____

_____

_____

_____

_____

DIVES

DIVE TIMES:

Min _____ Max _____ Avg _____

DEPTH:

Min _____ Max _____ Avg _____

SURFACE INT:

Min _____ Max _____ Avg _____

Total Dive Time _____

THE NOOB SPEARO

SPEARO LOG

GENERAL DIVE INFORMATION

Location _____   Date _____

Buddy _____   Time/s _____

Comments

_____

_____

_____

WEATHER

Wind _____

Swell _____

Moon _____

Comments

WATER

Clarity _____

Temperature _____

Tides _____

_____

_____

_____

_____

SPECIES

Catch _____

Catch _____

Catch _____

Catch _____

Catch _____

Targeted _____

Comments

DIVES

DIVE TIMES:

Min _____ Max _____ Avg _____

DEPTH:

Min _____ Max _____ Avg _____

SURFACE INT:

Min _____ Max _____ Avg _____

Total Dive Time _____

_____

_____

_____

_____

_____

_____

THE
NOOB
SPEARO

SPEARO LOG

GENERAL DIVE INFORMATION

Location _____   Date _____

Buddy _____   Time/s _____

Comments

_____

_____

_____

WEATHER

Wind _____

Swell _____

Moon _____

Comments

WATER

Clarity _____

Temperature _____

Tides _____

_____

_____

_____

_____

SPECIES

Catch _____

Catch _____

Catch _____

Catch _____

Catch _____

Targeted _____

Comments

DIVES

DIVE TIMES:

Min _____ Max _____ Avg _____

DEPTH:

Min _____ Max _____ Avg _____

SURFACE INT:

Min _____ Max _____ Avg _____

Total Dive Time _____

_____

_____

_____

_____

_____

_____

THE NOOB SPEARO

SPEARO LOG

GENERAL DIVE INFORMATION

Location _____   Date _____

Buddy _____   Time/s _____

Comments

_____

_____

_____

WEATHER

Wind _____

Swell _____

Moon _____

Comments

WATER

Clarity _____

Temperature _____

Tides _____

_____

_____

_____

_____

SPECIES

Catch _____

Catch _____

Catch _____

Catch _____

Catch _____

Targeted _____

Comments

DIVES

DIVE TIMES:

Min _____ Max _____ Avg _____

DEPTH:

Min _____ Max _____ Avg _____

SURFACE INT:

Min _____ Max _____ Avg _____

Total Dive Time _____

_____

_____

_____

_____

_____

_____

THE NOOB SPEARO

SPEARO LOG

GENERAL DIVE INFORMATION

Location _____   Date _____
Buddy _____   Time/s _____
Comments
_____
_____
_____

WEATHER

Wind _____
Swell _____
Moon _____
Comments

WATER

Clarity _____
Temperature _____
Tides _____

_____
_____
_____
_____

SPECIES

Catch _____
Catch _____
Catch _____
Catch _____
Catch _____
Targeted _____
Comments

DIVES

DIVE TIMES:
Min _____ Max _____ Avg _____
DEPTH:
Min _____ Max _____ Avg _____
SURFACE INT:
Min _____ Max _____ Avg _____

Total Dive Time _____

_____
_____
_____
_____
_____
_____
_____

THE
NOOB
SPEARO

SPEARO LOG

GENERAL DIVE INFORMATION

Location _____   Date _____

Buddy _____   Time/s _____

Comments

_____

_____

_____

WEATHER

Wind _____

Swell _____

Moon _____

Comments

_____

_____

_____

_____

WATER

Clarity _____

Temperature _____

Tides _____

SPECIES

Catch _____

Catch _____

Catch _____

Catch _____

Catch _____

Targeted _____

Comments

DIVES

DIVE TIMES:

Min _____ Max _____ Avg _____

DEPTH:

Min _____ Max _____ Avg _____

SURFACE INT:

Min _____ Max _____ Avg _____

Total Dive Time _____

_____

_____

_____

_____

_____

_____

THE NOOB SPEARO

SPEARO LOG

GENERAL DIVE INFORMATION

Location _____   Date _____

Buddy _____   Time/s _____

Comments

_____

_____

_____

WEATHER

Wind _____

Swell _____

Moon _____

Comments

WATER

Clarity _____

Temperature _____

Tides _____

_____

_____

_____

_____

SPECIES

Catch _____

Catch _____

Catch _____

Catch _____

Catch _____

Targeted _____

Comments

DIVES

DIVE TIMES:

Min _____ Max _____ Avg _____

DEPTH:

Min _____ Max _____ Avg _____

SURFACE INT:

Min _____ Max _____ Avg _____

Total Dive Time _____

_____

_____

_____

_____

_____

_____

_____

THE NOOB SPEARO

SPEARO LOG

GENERAL DIVE INFORMATION

Location _____   Date _____
Buddy _____   Time/s _____
Comments
_____
_____
_____

WEATHER

Wind _____
Swell _____
Moon _____
Comments
_____
_____
_____
_____

WATER

Clarity _____
Temperature _____
Tides _____

SPECIES

Catch _____
Catch _____
Catch _____
Catch _____
Catch _____
Targeted _____
Comments

DIVES

DIVE TIMES:
Min _____ Max _____ Avg _____
DEPTH:
Min _____ Max _____ Avg _____
SURFACE INT:
Min _____ Max _____ Avg _____

Total Dive Time _____

_____
_____
_____
_____
_____
_____
_____

THE
NOOB
SPEARO

SPEARO LOG

GENERAL DIVE INFORMATION

Location _____   Date _____

Buddy _____   Time/s _____

Comments

_____

_____

_____

_____

WEATHER

Wind _____

Swell _____

Moon _____

Comments

WATER

Clarity _____

Temperature _____

Tides _____

_____

_____

_____

_____

SPECIES

Catch _____

Catch _____

Catch _____

Catch _____

Catch _____

Targeted _____

Comments

DIVES

DIVE TIMES:

Min _____ Max _____ Avg _____

DEPTH:

Min _____ Max _____ Avg _____

SURFACE INT:

Min _____ Max _____ Avg _____

Total Dive Time _____

_____

_____

_____

_____

_____

_____

_____

THE NOOB SPEARO

SPEARO LOG

GENERAL DIVE INFORMATION

Location _____   Date _____

Buddy _____   Time/s _____

Comments

_____

_____

_____

_____

WEATHER

Wind _____

Swell _____

Moon _____

Comments

_____

_____

_____

_____

_____

WATER

Clarity _____

Temperature _____

Tides _____

SPECIES

Catch _____

Catch _____

Catch _____

Catch _____

Catch _____

Targeted _____

Comments

DIVES

DIVE TIMES:

Min _____ Max _____ Avg _____

DEPTH:

Min _____ Max _____ Avg _____

SURFACE INT:

Min _____ Max _____ Avg _____

Total Dive Time _____

_____

_____

_____

_____

_____

_____

_____

THE NOOB SPEARO

SPEARO LOG

GENERAL DIVE INFORMATION

Location _____   Date _____

Buddy _____   Time/s _____

Comments

_____

_____

_____

WEATHER

Wind _____

Swell _____

Moon _____

Comments

_____

_____

_____

_____

WATER

Clarity _____

Temperature _____

Tides _____

SPECIES

Catch _____

Catch _____

Catch _____

Catch _____

Catch _____

Targeted _____

Comments

_____

_____

_____

_____

_____

_____

DIVES

DIVE TIMES:

Min _____ Max _____ Avg _____

DEPTH:

Min _____ Max _____ Avg _____

SURFACE INT:

Min _____ Max _____ Avg _____

Total Dive Time _____

THE NOOB SPEARO

SPEARO / LOG

GENERAL DIVE INFORMATION

Location _____   Date _____

Buddy _____   Time/s _____

Comments

_____

_____

_____

WEATHER

Wind _____

Swell _____

Moon _____

Comments

_____

_____

_____

_____

WATER

Clarity _____

Temperature _____

Tides _____

SPECIES

Catch _____

Catch _____

Catch _____

Catch _____

Catch _____

Targeted _____

Comments

_____

_____

_____

_____

_____

_____

_____

DIVES

DIVE TIMES:

Min _____ Max _____ Avg _____

DEPTH:

Min _____ Max _____ Avg _____

SURFACE INT:

Min _____ Max _____ Avg _____

Total Dive Time _____

THE NOOB SPEARO

SPEARO LOG

GENERAL DIVE INFORMATION

Location _____   Date _____

Buddy _____   Time/s _____

Comments

_____

_____

_____

WEATHER

Wind _____

Swell _____

Moon _____

Comments

_____

_____

_____

_____

WATER

Clarity _____

Temperature _____

Tides _____

SPECIES

Catch _____

Catch _____

Catch _____

Catch _____

Catch _____

Targeted _____

Comments

DIVES

DIVE TIMES:

Min _____ Max _____ Avg _____

DEPTH:

Min _____ Max _____ Avg _____

SURFACE INT:

Min _____ Max _____ Avg _____

Total Dive Time _____

_____

_____

_____

_____

_____

_____

_____

THE
NOOB
SPEARO

SPEARO LOG

GENERAL DIVE INFORMATION

Location _____ Date _____

Buddy _____ Time/s _____

Comments

_____

_____

_____

WEATHER

Wind _____

Swell _____

Moon _____

Comments

WATER

Clarity _____

Temperature _____

Tides _____

_____

_____

_____

_____

SPECIES

Catch _____

Catch _____

Catch _____

Catch _____

Catch _____

Targeted _____

Comments

DIVES

DIVE TIMES:

Min _____ Max _____ Avg _____

DEPTH:

Min _____ Max _____ Avg _____

SURFACE INT:

Min _____ Max _____ Avg _____

Total Dive Time _____

_____

_____

_____

_____

_____

_____

THE NOOB SPEARO

SPEARO LOG

GENERAL DIVE INFORMATION

Location _____   Date _____
Buddy _____   Time/s _____
Comments
_____
_____
_____
_____

WEATHER

WATER

Wind _____   Clarity _____
Swell _____   Temperature _____
Moon _____   Tides _____
Comments
_____
_____
_____
_____

SPECIES

DIVES

Catch _____
Catch _____
Catch _____
Catch _____
Catch _____
Targeted _____
Comments

DIVE TIMES:
Min _____ Max _____ Avg _____
DEPTH:
Min _____ Max _____ Avg _____
SURFACE INT:
Min _____ Max _____ Avg _____

Total Dive Time _____

_____
_____
_____
_____
_____
_____
_____
_____

THE NOOB SPEARO

SPEARO LOG

GENERAL DIVE INFORMATION

Location _____   Date _____
Buddy _____   Time/s _____
Comments
_____
_____
_____

WEATHER

Wind _____
Swell _____
Moon _____
Comments
_____
_____
_____
_____

WATER

Clarity _____
Temperature _____
Tides _____

SPECIES

Catch _____
Catch _____
Catch _____
Catch _____
Catch _____
Targeted _____
Comments

DIVES

Dive Times:
Min _____ Max _____ Avg _____
Depth:
Min _____ Max _____ Avg _____
Surface Int:
Min _____ Max _____ Avg _____

Total Dive Time _____

_____
_____
_____
_____
_____
_____
_____

THE NOOB SPEARO

SPEARO LOG

GENERAL DIVE INFORMATION

Location _____ Date _____

Buddy _____ Time/s _____

Comments
_____
_____
_____

WEATHER

Wind _____

Swell _____

Moon _____

Comments
_____
_____
_____
_____

WATER

Clarity _____

Temperature _____

Tides _____

SPECIES

Catch _____

Catch _____

Catch _____

Catch _____

Catch _____

Targeted _____

Comments
_____
_____
_____
_____
_____
_____

DIVES

DIVE TIMES:

Min _____ Max _____ Avg _____

DEPTH:

Min _____ Max _____ Avg _____

SURFACE INT:

Min _____ Max _____ Avg _____

Total Dive Time _____

SPEARO LOG

GENERAL DIVE INFORMATION

Location _____ Date _____

Buddy _____ Time/s _____

Comments

_____

_____

_____

WEATHER

WATER

Wind _____ Clarity _____

Swell _____ Temperature _____

Moon _____ Tides _____

Comments

_____

_____

_____

_____

SPECIES

DIVES

Catch _____

Catch _____

Catch _____

Catch _____

Catch _____

Targeted _____

DIVE TIMES:

Min _____ Max _____ Avg _____

DEPTH:

Min _____ Max _____ Avg _____

SURFACE INT:

Min _____ Max _____ Avg _____

Total Dive Time _____

Comments

_____

_____

_____

_____

_____

_____

_____

THE NOOB SPEARO

SPEARO LOG

GENERAL DIVE INFORMATION

Location _____   Date _____

Buddy _____   Time/s _____

Comments

_____

_____

_____

WEATHER

Wind _____

Swell _____

Moon _____

Comments

WATER

Clarity _____

Temperature _____

Tides _____

_____

_____

_____

_____

SPECIES

Catch _____

Catch _____

Catch _____

Catch _____

Catch _____

Targeted _____

Comments

DIVES

DIVE TIMES:

Min _____ Max _____ Avg _____

DEPTH:

Min _____ Max _____ Avg _____

SURFACE INT:

Min _____ Max _____ Avg _____

Total Dive Time _____

_____

_____

_____

_____

_____

_____

THE NOOB SPEARO

SPEARO LOG

GENERAL DIVE INFORMATION

Location _____   Date _____
Buddy _____   Time/s _____
Comments

_____
_____
_____

WEATHER

Wind _____
Swell _____
Moon _____
Comments

WATER

Clarity _____
Temperature _____
Tides _____

_____
_____
_____
_____

SPECIES

Catch _____
Catch _____
Catch _____
Catch _____
Catch _____
Targeted _____
Comments

DIVES

DIVE TIMES:
Min _____ Max _____ Avg _____
DEPTH:
Min _____ Max _____ Avg _____
SURFACE INT:
Min _____ Max _____ Avg _____

Total Dive Time _____

_____
_____
_____
_____
_____
_____
_____

THE NOOB SPEARO

SPEARO LOG

GENERAL DIVE INFORMATION

Location _____   Date _____

Buddy _____   Time/s _____

Comments

_____

_____

_____

WEATHER

Wind _____

Swell _____

Moon _____

Comments

_____

_____

_____

_____

WATER

Clarity _____

Temperature _____

Tides _____

SPECIES

Catch _____

Catch _____

Catch _____

Catch _____

Catch _____

Targeted _____

Comments

_____

_____

_____

_____

_____

_____

_____

DIVES

DIVE TIMES:

Min _____ Max _____ Avg _____

DEPTH:

Min _____ Max _____ Avg _____

SURFACE INT:

Min _____ Max _____ Avg _____

Total Dive Time _____

THE NOOB SPEARO

SPEARO LOG

GENERAL DIVE INFORMATION

Location _____   Date _____

Buddy _____   Time/s _____

Comments

_____

_____

_____

WEATHER

Wind _____

Swell _____

Moon _____

Comments

_____

_____

_____

_____

WATER

Clarity _____

Temperature _____

Tides _____

SPECIES

Catch _____

Catch _____

Catch _____

Catch _____

Catch _____

Targeted _____

Comments

_____

_____

_____

_____

_____

_____

_____

DIVES

DIVE TIMES:

Min _____ Max _____ Avg _____

DEPTH:

Min _____ Max _____ Avg _____

SURFACE INT:

Min _____ Max _____ Avg _____

Total Dive Time _____

THE NOOB SPEARO

SPEARO LOG

GENERAL DIVE INFORMATION

Location _____   Date _____

Buddy _____   Time/s _____

Comments

_____

_____

_____

WEATHER

Wind _____

Swell _____

Moon _____

Comments

_____

_____

_____

_____

WATER

Clarity _____

Temperature _____

Tides _____

SPECIES

Catch _____

Catch _____

Catch _____

Catch _____

Catch _____

Targeted _____

Comments

_____

_____

_____

_____

_____

_____

DIVES

DIVE TIMES:

Min _____ Max _____ Avg _____

DEPTH:

Min _____ Max _____ Avg _____

SURFACE INT:

Min _____ Max _____ Avg _____

Total Dive Time _____

THE NOOB SPEARO

SPEARO LOG

GENERAL DIVE INFORMATION

Location _____   Date _____

Buddy _____   Time/s _____

Comments

_____

_____

_____

_____

WEATHER

Wind _____

Swell _____

Moon _____

Comments

_____

_____

_____

_____

WATER

Clarity _____

Temperature _____

Tides _____

SPECIES

Catch _____

Catch _____

Catch _____

Catch _____

Catch _____

Targeted _____

Comments

_____

_____

_____

_____

_____

_____

_____

DIVES

DIVE TIMES:

Min _____ Max _____ Avg _____

DEPTH:

Min _____ Max _____ Avg _____

SURFACE INT:

Min _____ Max _____ Avg _____

Total Dive Time _____

THE NOOB SPEARO

SPEARO LOG

GENERAL DIVE INFORMATION

Location _____   Date _____

Buddy _____   Time/s _____

Comments

_____

_____

_____

WEATHER

Wind _____

Swell _____

Moon _____

Comments

_____

_____

_____

_____

WATER

Clarity _____

Temperature _____

Tides _____

SPECIES

Catch _____

Catch _____

Catch _____

Catch _____

Catch _____

Targeted _____

Comments

_____

_____

_____

_____

_____

_____

_____

DIVES

DIVE TIMES:

Min _____ Max _____ Avg _____

DEPTH:

Min _____ Max _____ Avg _____

SURFACE INT:

Min _____ Max _____ Avg _____

Total Dive Time _____

THE NOOB SPEARO

SPEARO LOG

GENERAL DIVE INFORMATION

Location _____   Date _____

Buddy _____   Time/s _____

Comments

_____

_____

_____

WEATHER

Wind _____

Swell _____

Moon _____

Comments

_____

_____

_____

_____

WATER

Clarity _____

Temperature _____

Tides _____

SPECIES

Catch _____

Catch _____

Catch _____

Catch _____

Catch _____

Targeted _____

Comments

_____

_____

_____

_____

_____

_____

_____

DIVES

DIVE TIMES:

Min _____ Max _____ Avg _____

DEPTH:

Min _____ Max _____ Avg _____

SURFACE INT:

Min _____ Max _____ Avg _____

Total Dive Time _____

THE NOOB SPEARO

SPEARO LOG

GENERAL DIVE INFORMATION

Location _____ Date _____

Buddy _____ Time/s _____

Comments

_____

_____

_____

WEATHER

Wind _____

Swell _____

Moon _____

Comments

WATER

Clarity _____

Temperature _____

Tides _____

_____

_____

_____

_____

SPECIES

Catch _____

Catch _____

Catch _____

Catch _____

Catch _____

Targeted _____

Comments

DIVES

DIVE TIMES:

Min _____ Max _____ Avg _____

DEPTH:

Min _____ Max _____ Avg _____

SURFACE INT:

Min _____ Max _____ Avg _____

Total Dive Time _____

_____

_____

_____

_____

_____

_____

THE NOOB SPEARO

SPEARO / LOG

GENERAL DIVE INFORMATION

Location _____   Date _____

Buddy _____   Time/s _____

Comments

_____

_____

_____

WEATHER

Wind _____

Swell _____

Moon _____

Comments

_____

_____

_____

_____

WATER

Clarity _____

Temperature _____

Tides _____

SPECIES

Catch _____

Catch _____

Catch _____

Catch _____

Catch _____

Targeted _____

Comments

_____

_____

_____

_____

_____

_____

DIVES

DIVE TIMES:

Min _____ Max _____ Avg _____

DEPTH:

Min _____ Max _____ Avg _____

SURFACE INT:

Min _____ Max _____ Avg _____

Total Dive Time _____

SPEARO LOG

GENERAL DIVE INFORMATION

Location _____ Date _____

Buddy _____ Time/s _____

Comments

_____

_____

_____

WEATHER

Wind _____

Swell _____

Moon _____

Comments

_____

_____

_____

_____

WATER

Clarity _____

Temperature _____

Tides _____

SPECIES

Catch _____

Catch _____

Catch _____

Catch _____

Catch _____

Targeted _____

Comments

_____

_____

_____

_____

_____

_____

DIVES

DIVE TIMES:

Min _____ Max _____ Avg _____

DEPTH:

Min _____ Max _____ Avg _____

SURFACE INT:

Min _____ Max _____ Avg _____

Total Dive Time _____

THE NOOB SPEARO

SPEARO LOG

GENERAL DIVE INFORMATION

Location _____ Date _____

Buddy _____ Time/s _____

Comments

_____

_____

_____

_____

WEATHER

Wind _____

Swell _____

Moon _____

Comments

WATER

Clarity _____

Temperature _____

Tides _____

_____

_____

_____

_____

_____

SPECIES

Catch _____

Catch _____

Catch _____

Catch _____

Catch _____

Targeted _____

Comments

DIVES

DIVE TIMES:

Min _____ Max _____ Avg _____

DEPTH:

Min _____ Max _____ Avg _____

SURFACE INT:

Min _____ Max _____ Avg _____

Total Dive Time _____

_____

_____

_____

_____

_____

_____

THE NOOB SPEARO

SPEARO LOG

GENERAL DIVE INFORMATION

Location _____   Date _____

Buddy _____   Time/s _____

Comments

_____

_____

_____

WEATHER

Wind _____

Swell _____

Moon _____

Comments

_____

_____

_____

_____

WATER

Clarity _____

Temperature _____

Tides _____

SPECIES

Catch _____

Catch _____

Catch _____

Catch _____

Catch _____

Targeted _____

Comments

_____

_____

_____

_____

_____

_____

DIVES

DIVE TIMES:

Min _____ Max _____ Avg _____

DEPTH:

Min _____ Max _____ Avg _____

SURFACE INT:

Min _____ Max _____ Avg _____

Total Dive Time _____

THE NOOB SPEARO

SPEARO / LOG

GENERAL DIVE INFORMATION

Location _____   Date _____
Buddy _____   Time/s _____
Comments
_____
_____
_____

WEATHER

WATER

Wind _____
Swell _____
Moon _____
Comments
_____
_____
_____
_____

Clarity _____
Temperature _____
Tides _____

SPECIES

DIVES

Catch _____
Catch _____
Catch _____
Catch _____
Catch _____
Targeted _____
Comments
_____
_____
_____
_____
_____
_____
_____

DIVE TIMES:
Min _____ Max _____ Avg _____
DEPTH:
Min _____ Max _____ Avg _____
SURFACE INT:
Min _____ Max _____ Avg _____

Total Dive Time _____

THE NOOB SPEARO

SPEARO LOG

GENERAL DIVE INFORMATION

Location _____   Date _____
Buddy _____   Time/s _____
Comments
_____
_____
_____
_____

WEATHER

Wind _____
Swell _____
Moon _____
Comments
_____
_____
_____
_____
_____

WATER

Clarity _____
Temperature _____
Tides _____

SPECIES

Catch _____
Catch _____
Catch _____
Catch _____
Catch _____
Targeted _____
Comments
_____
_____
_____
_____
_____
_____
_____

DIVES

DIVE TIMES:
Min _____ Max _____ Avg _____
DEPTH:
Min _____ Max _____ Avg _____
SURFACE INT:
Min _____ Max _____ Avg _____

Total Dive Time _____

THE NOOB SPEARO

SPEARO LOG

GENERAL DIVE INFORMATION

Location _____ Date _____

Buddy _____ Time/s _____

Comments

_____

_____

_____

WEATHER

Wind _____

Swell _____

Moon _____

Comments

WATER

Clarity _____

Temperature _____

Tides _____

_____

_____

_____

_____

SPECIES

Catch _____

Catch _____

Catch _____

Catch _____

Catch _____

Targeted _____

Comments

DIVES

DIVE TIMES:

Min _____ Max _____ Avg _____

DEPTH:

Min _____ Max _____ Avg _____

SURFACE INT:

Min _____ Max _____ Avg _____

Total Dive Time _____

_____

_____

_____

_____

_____

_____

THE NOOB SPEARO

SPEARO LOG

GENERAL DIVE INFORMATION

Location _____   Date _____

Buddy _____   Time/s _____

Comments

_____

_____

_____

WEATHER

Wind _____

Swell _____

Moon _____

Comments

_____

_____

_____

_____

WATER

Clarity _____

Temperature _____

Tides _____

SPECIES

Catch _____

Catch _____

Catch _____

Catch _____

Catch _____

Targeted _____

Comments

DIVES

DIVE TIMES:

Min _____ Max _____ Avg _____

DEPTH:

Min _____ Max _____ Avg _____

SURFACE INT:

Min _____ Max _____ Avg _____

Total Dive Time _____

_____

_____

_____

_____

_____

_____

_____

THE
NOOB
SPEARO

SPEARO LOG

GENERAL DIVE INFORMATION

Location _____   Date _____

Buddy _____   Time/s _____

Comments

_____

_____

_____

WEATHER

Wind _____

Swell _____

Moon _____

Comments

WATER

Clarity _____

Temperature _____

Tides _____

_____

_____

_____

_____

SPECIES

Catch _____

Catch _____

Catch _____

Catch _____

Catch _____

Targeted _____

Comments

DIVES

DIVE TIMES:

Min _____ Max _____ Avg _____

DEPTH:

Min _____ Max _____ Avg _____

SURFACE INT:

Min _____ Max _____ Avg _____

Total Dive Time _____

_____

_____

_____

_____

_____

_____

_____

THE NOOB SPEARO

SPEARO LOG

GENERAL DIVE INFORMATION

Location _____   Date _____
Buddy _____   Time/s _____
Comments
_____
_____
_____

WEATHER

Wind _____
Swell _____
Moon _____
Comments
_____
_____
_____
_____

WATER

Clarity _____
Temperature _____
Tides _____

SPECIES

Catch _____
Catch _____
Catch _____
Catch _____
Catch _____
Targeted _____
Comments
_____
_____
_____
_____
_____
_____

DIVES

DIVE TIMES:
Min _____ Max _____ Avg _____
DEPTH:
Min _____ Max _____ Avg _____
SURFACE INT:
Min _____ Max _____ Avg _____

Total Dive Time _____

THE NOOB SPEARO

SPEARO LOG

GENERAL DIVE INFORMATION

Location _____   Date _____

Buddy _____   Time/s _____

Comments

_____

_____

_____

WEATHER

Wind _____

Swell _____

Moon _____

Comments

_____

_____

_____

_____

WATER

Clarity _____

Temperature _____

Tides _____

SPECIES

Catch _____

Catch _____

Catch _____

Catch _____

Catch _____

Targeted _____

Comments

_____

_____

_____

_____

_____

_____

_____

DIVES

DIVE TIMES:

Min _____ Max _____ Avg _____

DEPTH:

Min _____ Max _____ Avg _____

SURFACE INT:

Min _____ Max _____ Avg _____

Total Dive Time _____

THE NOOB SPEARO

SPEARO LOG

GENERAL DIVE INFORMATION

Location _____   Date _____

Buddy _____   Time/s _____

Comments

_____

_____

_____

WEATHER

Wind _____

Swell _____

Moon _____

Comments

_____

_____

_____

_____

WATER

Clarity _____

Temperature _____

Tides _____

SPECIES

Catch _____

Catch _____

Catch _____

Catch _____

Catch _____

Targeted _____

Comments

_____

_____

_____

_____

_____

_____

DIVES

DIVE TIMES:

Min _____ Max _____ Avg _____

DEPTH:

Min _____ Max _____ Avg _____

SURFACE INT:

Min _____ Max _____ Avg _____

Total Dive Time _____

THE NOOB SPEARO

SPEARO LOG

GENERAL DIVE INFORMATION

Location _____ Date _____

Buddy _____ Time/s _____

Comments

_____

_____

_____

WEATHER

Wind _____

Swell _____

Moon _____

Comments

_____

_____

_____

_____

WATER

Clarity _____

Temperature _____

Tides _____

SPECIES

Catch _____

Catch _____

Catch _____

Catch _____

Catch _____

Targeted _____

Comments

_____

_____

_____

_____

_____

_____

_____

DIVES

DIVE TIMES:

Min _____ Max _____ Avg _____

DEPTH:

Min _____ Max _____ Avg _____

SURFACE INT:

Min _____ Max _____ Avg _____

Total Dive Time _____

THE NOOB SPEARO

SPEARO LOG

GENERAL DIVE INFORMATION

Location _____   Date _____

Buddy _____   Time/s _____

Comments
_____
_____
_____

WEATHER

Wind _____

Swell _____

Moon _____

Comments
_____
_____
_____
_____

WATER

Clarity _____

Temperature _____

Tides _____

SPECIES

Catch _____

Catch _____

Catch _____

Catch _____

Catch _____

Targeted _____

Comments
_____
_____
_____
_____
_____
_____
_____

DIVES

DIVE TIMES:
Min _____ Max _____ Avg _____

DEPTH:
Min _____ Max _____ Avg _____

SURFACE INT:
Min _____ Max _____ Avg _____

Total Dive Time _____

THE NOOB SPEARO

SPEARO LOG

GENERAL DIVE INFORMATION

Location _____   Date _____

Buddy _____   Time/s _____

Comments

_____

_____

_____

WEATHER

Wind _____

Swell _____

Moon _____

Comments

_____

_____

_____

_____

WATER

Clarity _____

Temperature _____

Tides _____

SPECIES

Catch _____

Catch _____

Catch _____

Catch _____

Catch _____

Targeted _____

Comments

_____

_____

_____

_____

_____

_____

_____

DIVES

DIVE TIMES:

Min _____ Max _____ Avg _____

DEPTH:

Min _____ Max _____ Avg _____

SURFACE INT:

Min _____ Max _____ Avg _____

Total Dive Time _____

SPEARO LOG

GENERAL DIVE INFORMATION

Location _____   Date _____

Buddy _____   Time/s _____

Comments

_____

_____

_____

WEATHER

Wind _____

Swell _____

Moon _____

Comments

WATER

Clarity _____

Temperature _____

Tides _____

_____

_____

_____

_____

SPECIES

Catch _____

Catch _____

Catch _____

Catch _____

Catch _____

Targeted _____

Comments

DIVES

DIVE TIMES:

Min _____ Max _____ Avg _____

DEPTH:

Min _____ Max _____ Avg _____

SURFACE INT:

Min _____ Max _____ Avg _____

Total Dive Time _____

_____

_____

_____

_____

_____

_____

_____

THE NOOB SPEARO

SPEARO LOG

GENERAL DIVE INFORMATION

Location _____   Date _____

Buddy _____   Time/s _____

Comments

_____

_____

_____

WEATHER

Wind _____

Swell _____

Moon _____

Comments

_____

_____

_____

_____

WATER

Clarity _____

Temperature _____

Tides _____

SPECIES

Catch _____

Catch _____

Catch _____

Catch _____

Catch _____

Targeted _____

Comments

_____

_____

_____

_____

_____

_____

DIVES

DIVE TIMES:
Min _____ Max _____ Avg _____

DEPTH:
Min _____ Max _____ Avg _____

SURFACE INT:
Min _____ Max _____ Avg _____

Total Dive Time _____

THE NOOB SPEARO

SPEARO LOG

GENERAL DIVE INFORMATION

Location _____ Date _____

Buddy _____ Time/s _____

Comments

_____

_____

_____

_____

WEATHER

Wind _____

Swell _____

Moon _____

Comments

WATER

Clarity _____

Temperature _____

Tides _____

_____

_____

_____

_____

SPECIES

Catch _____

Catch _____

Catch _____

Catch _____

Catch _____

Targeted _____

Comments

DIVES

DIVE TIMES:

Min _____ Max _____ Avg _____

DEPTH:

Min _____ Max _____ Avg _____

SURFACE INT:

Min _____ Max _____ Avg _____

Total Dive Time _____

_____

_____

_____

_____

_____

_____

_____

THE NOOB SPEARO

SPEARO LOG

GENERAL DIVE INFORMATION

Location _____   Date _____

Buddy _____   Time/s _____

Comments

_____

_____

_____

WEATHER

Wind _____

Swell _____

Moon _____

Comments

WATER

Clarity _____

Temperature _____

Tides _____

_____

_____

_____

_____

SPECIES

Catch _____

Catch _____

Catch _____

Catch _____

Catch _____

Targeted _____

Comments

DIVES

DIVE TIMES:

Min _____ Max _____ Avg _____

DEPTH:

Min _____ Max _____ Avg _____

SURFACE INT:

Min _____ Max _____ Avg _____

Total Dive Time _____

_____

_____

_____

_____

_____

_____

_____

_____

THE NOOB SPEARO

SPEARO LOG

GENERAL DIVE INFORMATION

Location _____ Date _____

Buddy _____ Time/s _____

Comments

_____

_____

_____

WEATHER

Wind _____

Swell _____

Moon _____

Comments

WATER

Clarity _____

Temperature _____

Tides _____

_____

_____

_____

_____

SPECIES

Catch _____

Catch _____

Catch _____

Catch _____

Catch _____

Targeted _____

Comments

DIVES

DIVE TIMES:

Min _____ Max _____ Avg _____

DEPTH:

Min _____ Max _____ Avg _____

SURFACE INT:

Min _____ Max _____ Avg _____

Total Dive Time _____

_____

_____

_____

_____

_____

_____

THE NOOB SPEARO

SPEARO LOG

GENERAL DIVE INFORMATION

Location _____ Date _____

Buddy _____ Time/s _____

Comments

_____

_____

_____

WEATHER

Wind _____

Swell _____

Moon _____

Comments

_____

_____

_____

_____

WATER

Clarity _____

Temperature _____

Tides _____

SPECIES

Catch _____

Catch _____

Catch _____

Catch _____

Catch _____

Targeted _____

Comments

_____

_____

_____

_____

_____

_____

_____

DIVES

DIVE TIMES:

Min _____ Max _____ Avg _____

DEPTH:

Min _____ Max _____ Avg _____

SURFACE INT:

Min _____ Max _____ Avg _____

Total Dive Time _____

THE
NOOB
SPEARO

SPEARO LOG

GENERAL DIVE INFORMATION

Location _____   Date _____

Buddy _____   Time/s _____

Comments

_____

_____

_____

WEATHER

Wind _____

Swell _____

Moon _____

Comments

WATER

Clarity _____

Temperature _____

Tides _____

_____

_____

_____

_____

SPECIES

Catch _____

Catch _____

Catch _____

Catch _____

Catch _____

Targeted _____

Comments

DIVES

DIVE TIMES:

Min _____ Max _____ Avg _____

DEPTH:

Min _____ Max _____ Avg _____

SURFACE INT:

Min _____ Max _____ Avg _____

Total Dive Time _____

_____

_____

_____

_____

_____

_____

_____

THE NOOB SPEARO

SPEARO LOG

GENERAL DIVE INFORMATION

Location _____ Date _____

Buddy _____ Time/s _____

Comments

_____

_____

_____

WEATHER

Wind _____

Swell _____

Moon _____

Comments

_____

_____

_____

_____

WATER

Clarity _____

Temperature _____

Tides _____

SPECIES

Catch _____

Catch _____

Catch _____

Catch _____

Catch _____

Targeted _____

Comments

DIVES

DIVE TIMES:

Min _____ Max _____ Avg _____

DEPTH:

Min _____ Max _____ Avg _____

SURFACE INT:

Min _____ Max _____ Avg _____

Total Dive Time _____

_____

_____

_____

_____

_____

_____

THE NOOB SPEARO

SPEARO LOG

GENERAL DIVE INFORMATION

Location _____   Date _____
Buddy _____   Time/s _____
Comments
_____
_____
_____

WEATHER   ## WATER

Wind _____   Clarity _____
Swell _____   Temperature _____
Moon _____   Tides _____
Comments
_____
_____
_____
_____

SPECIES   ## DIVES

Catch _____   DIVE TIMES:
Catch _____   Min _____ Max _____ Avg _____
Catch _____   DEPTH:
Catch _____   Min _____ Max _____ Avg _____
Catch _____   SURFACE INT:
Targeted _____   Min _____ Max _____ Avg _____
Comments   Total Dive Time _____
_____
_____
_____
_____
_____
_____
_____

THE NOOB SPEARO

SPEARO LOG

GENERAL DIVE INFORMATION

Location _____ Date _____

Buddy _____ Time/s _____

Comments
_____
_____
_____

WEATHER

Wind _____

Swell _____

Moon _____

Comments
_____
_____
_____
_____

WATER

Clarity _____

Temperature _____

Tides _____

SPECIES

Catch _____

Catch _____

Catch _____

Catch _____

Catch _____

Targeted _____

Comments
_____
_____
_____
_____
_____
_____

DIVES

DIVE TIMES:
Min _____ Max _____ Avg _____

DEPTH:
Min _____ Max _____ Avg _____

SURFACE INT:
Min _____ Max _____ Avg _____

Total Dive Time _____

THE NOOB SPEARO

SPEARO LOG

GENERAL DIVE INFORMATION

Location _____   Date _____

Buddy _____   Time/s _____

Comments

_____

_____

_____

WEATHER

Wind _____

Swell _____

Moon _____

Comments

WATER

Clarity _____

Temperature _____

Tides _____

_____

_____

_____

_____

SPECIES

Catch _____

Catch _____

Catch _____

Catch _____

Catch _____

Targeted _____

Comments

DIVES

DIVE TIMES:

Min _____ Max _____ Avg _____

DEPTH:

Min _____ Max _____ Avg _____

SURFACE INT:

Min _____ Max _____ Avg _____

Total Dive Time _____

_____

_____

_____

_____

_____

_____

THE NOOB SPEARO

SPEARO LOG

GENERAL DIVE INFORMATION

Location _____   Date _____

Buddy _____   Time/s _____

Comments

_____

_____

_____

WEATHER

Wind _____

Swell _____

Moon _____

Comments

WATER

Clarity _____

Temperature _____

Tides _____

_____

_____

_____

_____

SPECIES

Catch _____

Catch _____

Catch _____

Catch _____

Catch _____

Targeted _____

Comments

DIVES

DIVE TIMES:

Min _____ Max _____ Avg _____

DEPTH:

Min _____ Max _____ Avg _____

SURFACE INT:

Min _____ Max _____ Avg _____

Total Dive Time _____

_____

_____

_____

_____

_____

_____

_____

THE
NOOB
SPEARO

SPEARO LOG

GENERAL DIVE INFORMATION

Location _____   Date _____

Buddy _____   Time/s _____

Comments

_____

_____

_____

WEATHER

Wind _____

Swell _____

Moon _____

Comments

_____

_____

_____

_____

WATER

Clarity _____

Temperature _____

Tides _____

SPECIES

Catch _____

Catch _____

Catch _____

Catch _____

Catch _____

Targeted _____

Comments

DIVES

DIVE TIMES:

Min _____ Max _____ Avg _____

DEPTH:

Min _____ Max _____ Avg _____

SURFACE INT:

Min _____ Max _____ Avg _____

Total Dive Time _____

_____

_____

_____

_____

_____

_____

THE NOOB SPEARO

SPEARO LOG

GENERAL DIVE INFORMATION

Location _____   Date _____

Buddy _____   Time/s _____

Comments

_____

_____

_____

WEATHER

Wind _____

Swell _____

Moon _____

Comments

WATER

Clarity _____

Temperature _____

Tides _____

_____

_____

_____

_____

SPECIES

Catch _____

Catch _____

Catch _____

Catch _____

Catch _____

Targeted _____

Comments

DIVES

DIVE TIMES:

Min _____ Max _____ Avg _____

DEPTH:

Min _____ Max _____ Avg _____

SURFACE INT:

Min _____ Max _____ Avg _____

Total Dive Time _____

_____

_____

_____

_____

_____

_____

_____

THE NOOB SPEARO

SPEARO LOG

GENERAL DIVE INFORMATION

Location _____   Date _____
Buddy _____   Time/s _____
Comments
_____
_____
_____

WEATHER   ## WATER

Wind _____   Clarity _____
Swell _____   Temperature _____
Moon _____   Tides _____
Comments
_____
_____
_____
_____

SPECIES   ## DIVES

Catch _____   DIVE TIMES:
Catch _____   Min _____ Max _____ Avg _____
Catch _____   DEPTH:
Catch _____   Min _____ Max _____ Avg _____
Catch _____   SURFACE INT:
Targeted _____   Min _____ Max _____ Avg _____
Comments   Total Dive Time _____
_____
_____
_____
_____
_____
_____

SPEARO LOG

GENERAL DIVE INFORMATION

Location _____   Date _____

Buddy _____   Time/s _____

Comments

_____

_____

_____

WEATHER

Wind _____

Swell _____

Moon _____

Comments

WATER

Clarity _____

Temperature _____

Tides _____

_____

_____

_____

_____

SPECIES

Catch _____

Catch _____

Catch _____

Catch _____

Catch _____

Targeted _____

Comments

DIVES

DIVE TIMES:

Min _____ Max _____ Avg _____

DEPTH:

Min _____ Max _____ Avg _____

SURFACE INT:

Min _____ Max _____ Avg _____

Total Dive Time _____

_____

_____

_____

_____

_____

_____

THE NOOB SPEARO

SPEARO LOG

GENERAL DIVE INFORMATION

Location _____   Date _____

Buddy _____   Time/s _____

Comments

_____

_____

_____

WEATHER

Wind _____

Swell _____

Moon _____

Comments

_____

_____

_____

_____

WATER

Clarity _____

Temperature _____

Tides _____

SPECIES

Catch _____

Catch _____

Catch _____

Catch _____

Catch _____

Targeted _____

Comments

_____

_____

_____

_____

_____

_____

_____

DIVES

DIVE TIMES:

Min _____ Max _____ Avg _____

DEPTH:

Min _____ Max _____ Avg _____

SURFACE INT:

Min _____ Max _____ Avg _____

Total Dive Time _____

THE NOOB SPEARO

SPEARO LOG

GENERAL DIVE INFORMATION

Location _____   Date _____
Buddy _____   Time/s _____
Comments
_____
_____
_____
_____

WEATHER

Wind _____
Swell _____
Moon _____
Comments
_____
_____
_____
_____

WATER

Clarity _____
Temperature _____
Tides _____

SPECIES

Catch _____
Catch _____
Catch _____
Catch _____
Catch _____
Targeted _____
Comments
_____
_____
_____
_____
_____
_____
_____

DIVES

DIVE TIMES:
Min _____ Max _____ Avg _____
DEPTH:
Min _____ Max _____ Avg _____
SURFACE INT:
Min _____ Max _____ Avg _____

Total Dive Time _____

SPEARO LOG

GENERAL DIVE INFORMATION

Location _____ Date _____

Buddy _____ Time/s _____

Comments

_____

_____

_____

WEATHER

Wind _____

Swell _____

Moon _____

Comments

_____

_____

_____

_____

WATER

Clarity _____

Temperature _____

Tides _____

SPECIES

Catch _____

Catch _____

Catch _____

Catch _____

Catch _____

Targeted _____

Comments

DIVES

DIVE TIMES:

Min _____ Max _____ Avg _____

DEPTH:

Min _____ Max _____ Avg _____

SURFACE INT:

Min _____ Max _____ Avg _____

Total Dive Time _____

_____

_____

_____

_____

_____

_____

_____

THE NOOB SPEARO

Made in United States
Orlando, FL
26 September 2022

22804051R00065